suhrkamp taschenbuch 2192

In der Begründung für die Verleihung des »Friedenspreises des Deutschen Buchhandels« im Jahre 1992 an Amos Oz werden die schriftstellerischen Leistungen und das politische Engagement dieses Autors gleichermaßen hervorgehoben. Die beiden im vorliegenden Band versammelten Texte aus den Jahren 1990 und 1991 präsentieren diese beiden Dimensionen des Autors Amos Oz, und sie machen zugleich deutlich, daß er zwischen beiden strikt unterscheidet: Wenn er mit sich selbst in Übereinstimmung sei, so Amos Oz, greife er in die politische Situation ein. Ziel seines politischen Engagements: Er kämpft für eine Zweistaatenlösung in Palästina, mit einem souveränen Israel und einem eigenen Staat für die Palästinenser. Dem »Spezialisten für vergleichenden Fanatismus« ist es als Schriftsteller durchaus nicht nur an dem äußeren Frieden, sondern auch an dem inneren Frieden des einzelnen gelegen. Warum dieser sich bei dem einzelnen nicht einstellt, welche Folgen dies für die Pesonen und die Gesamtgesellschaft hat, und wie er vielleicht, wenn auch nur für einen Moment, erreicht werden könnte - alle diese Konflikte erzählen die polyphonen Romane von Amos Oz.

Von Amos Oz, geboren 1939, liegen vor: *Black Box* (st 1898), *Im Lande Israel* (st 1066), *Mein Michael* (st 1589), *Der perfekte Frieden* (st 1747). Als gebundene Ausgaben erschienen im Insel Verlag: *Black Box*, *Eine Frau erkennen*, *Der perfekte Frieden*. Im Herbst erscheint im Insel Verlag sein neuer Roman *Der dritte Zustand.*

Amos Oz

Bericht zur Lage des Staates Israel

Suhrkamp

Umschlagfoto: Horst Tappe

suhrkamp taschenbuch 2192
Erste Auflage 1992

Satz und Druck: Ebner Ulm
Printed in Germany
Umschlag nach Entwürfen von
Willy Fleckhaus und Rolf Staudt

2 3 4 5 6 - 97 96 95 94 93 92

Inhalt

Brief aus Arad
7

Bericht zur Lage
des Staates Israel
53

Brief aus Arad

3. Mai 1990

Hier in Israel genießen die Schriftsteller - oder soll ich lieber sagen, sie leiden darunter? - fast die soziale Stellung, die in anderen Ländern die Filmstars haben. Das ist eine jüdische und osteuropäische Tradition zugleich. Uns Schriftsteller betrachtet man als eine Art Propheten, obwohl wir natürlich nicht liefern können, was man von uns erwartet. Wir sollen die Antwort haben. Israel ist wahrscheinlich das einzige Land in der Welt, in dem eine führende Tageszeitung in einem Leitartikel mit einem Romanhelden polemisiert, weil dieser sich zu einer unpassenden Zeit in einen Araber verliebt hat. Wohlgemerkt in einem Leitartikel, nicht in der Literaturbeilage.

Israel ist ein Land, in dem es häufig vorkommt, daß der Ministerpräsident einen Dichter oder Schriftsteller zu einem spätnächtlichen, intimen Tête-à-tête einlädt, um zusammen mit ihm eine tiefe Gewissensprüfung vorzunehmen. Ich habe so etwas schon öfters mitgemacht. Der Ministerpräsident fragt dann den Schriftsteller, wo die Nation entgleist sei und wie es denn weitergehen solle. Er bewundert die Antworten des Schriftstellers und mißachtet sie selbstverständlich. Um realistisch zu bleiben: Es ist nicht so, daß Dichter und

Schriftsteller einen großen Einfluß auf Politiker hätten. Israel ist das Land der Propheten, aber selbst die waren nicht besonders erfolgreich, was die Beeinflussung der Politiker betrifft. So wäre es unrealistisch, von uns Schriftstellern zu erwarten, wir sollten sogar besser sein als die Propheten.

Dennoch, die Schriftsteller sind präsent, sie haben eine gewisse Bedeutung, man achtet darauf, was sie sagen. Wenn ich morgen eine Erklärung über den Zustand der israelischen Straßen abgebe, wird das in allen Zeitungen ein Thema sein. Warum? Bin ich etwa ein Experte für den Straßenbau? Für das Transportwesen? Nein, nur weil es ein Schriftsteller gesagt hat. Jeder kennt hier die Namen der bedeutenderen Schriftsteller, und es ist sehr wahrscheinlich, daß ein Taxifahrer deine Bücher gelesen hat.

Die Bewegung »Peace Now«, der auch ich angehöre, ist keine Partei, eher eine »Stimmung«, sie wächst und schrumpft mit der Aktualität. Wenn es eine unmittelbare Aussicht auf Frieden gibt, dann wird »Peace Now« aktiv, dann machen wir Versammlungen und Demonstrationen, und man hört von uns im ganzen Land. Auch wenn die Gefahr eines Krieges droht, werden wir lebendig. Und zwischendurch gibt es ein kleines Ein-Zimmer-Büro in Jerusalem, mit einer Teilzeitkraft. Wir haben keine Mitgliederlisten, keine gewählte Führung. »Peace Now« ist ein Sammelbecken, das linke Radikale, Liberale der Mitte, konventionelle Zionisten, religiöse Leute und all die vereinigt, die der Meinung sind, daß Israel niemals versuchen sollte, die besetzten Gebiete zu annektieren. Auch dann nicht, wenn plötzlich, über Nacht, die arabischen Länder entdeckten, daß sie tief in ihren Herzen eigentlich Zionisten sind, und diese Gebiete uns auf einem silbernen Tablett als Geschenk präsentieren würden: Nehmt sie, sie gehören euch. Selbst dann sollten wir sagen: Nein danke, denn diese Gebiete sind dicht mit menschlichen Wesen besiedelt, die keine Israelis sein wollen. Und es hat keinen Sinn, das Israeli-Sein Leuten aufzuzwingen, die nichts davon wissen wollen.

Es ist in unserer Bewegung noch eine andere Sensibilität vorhanden: Wir sind nur dann bereit, einen umfassenden Krieg zu führen, wenn die Existenz der Nation auf dem Spiel steht. Nichts außer der Bedrohung der Existenz Israels rechtfertigt einen umfassenden Krieg. Natürlich gibt es eine Diskussion darüber, wie die jeweilige Gefahr einzuschätzen sei, die Israel droht, und darüber, was die Existenz Israels bedroht. Aber es gibt keine Diskussion darüber, daß die Kriege, die wir 1948, 1967 und 1973 geführt haben, Kriege auf Leben und Tod waren. Hätten wir sie verloren, gäbe es heute kein Israel. Der Libanonkrieg dagegen war optional. Begin, der damals Ministerpräsident war, hat den Begriff der optionalen Kriege eingeführt, im Gegensatz zu den Kriegen, die mit dem Rücken zur Wand ausgetragen werden. Auch die Falkenparteien und ihre Anhänger sind sich darüber einig, daß es im Libanonkrieg nicht um Leben und Tod ging. Sie sagen aber, vielleicht hätte mit der Zeit die Gefahr erheblich größer werden können und darum sei es dann doch richtig gewesen, den Krieg zu führen. Das freilich ist ein sehr windiges Argument, denn dann müßten wir auch gegen den Iran Krieg führen, der uns eines Tages auch sehr gefährlich werden könnte, und überhaupt müßte man gegen alle kämpfen, die sich wünschen, wir würden tot umfallen.

»Peace Now« ist mit den europäischen Friedensbewegungen nicht vergleichbar. Wir sind »peaceniks«, aber keine Pazifisten. Gewiß waren alle an »Peace Now« Beteiligten irgendwann einmal auf dem Schlachtfeld, und wenn das denkbar Schlimmste passieren sollte und wir erneut mit dem Rücken an der Wand stehen sollten, dann werden wir wieder kämpfen. Und wir werden kämpfen wie die Teufel, wenn es um die Existenz Israels gehen sollte. Es gibt für uns keine Frage von »lieber rot als tot«. Es gibt diese westliche Einstellung von »make love not war« nicht. Es gibt auch die Tendenzen nicht, die es in der amerikanischen Friedensbewegung während des Vietnam-Krieges gegeben hat: die Vietcong als lauter gute Kerle zu feiern und sich selbst als die Bösen zu verdammen. Praktisch niemand ist in »Peace Now« der Meinung, daß im israelisch-arabischen Konflikt die Palästinenser die guten Kerle seien. Sie verdienen es, ihr Selbstbestimmungsrecht und ihre nationale Unabhängigkeit zu erhalten, aber nicht als Orden für gutes Verhalten. Ich persönlich war nie der Ansicht, daß Unabhängigkeit etwas sei, was nur Leute verdienen, die sich anständig benehmen. Wenn das so wäre, müßte drei Vierteln der Menschheit die Unabhängigkeit für immer und ewig vorenthalten werden, Deutschland und Österreich vielleicht sogar für den Rest der Ewigkeit. Es tut mir leid, das sagen zu müssen.

Darum geht es aber nicht. Es geht um das Überleben, um das Überleben aller.

»Peace Now« ist also keine pro-palästinensische Bewegung. Sie ist keine »make-love-not-war«-Bewegung und keine pazifistische Bewegung. Sie ist ein Zusammenschluß von Leuten, die glauben, daß die Lösung unseres Konflikts mit den Palästinensern eine faire und nüchterne Scheidung sein muß, eine Scheidung wie nach einer gescheiterten Ehe. Scheidung bedeutet, daß wir die Wohnung teilen müssen. Und da dies ein kleines Land ist, müssen wir entscheiden, wer das eine und wer das andere Schlafzimmer bekommt und wie die Benutzungsordnung für die Toilette sein wird. Nach dieser Scheidung - und unter Scheidung verstehe ich die Gründung von zwei unabhängigen Staaten - wird es vielleicht möglich sein, miteinander eine Tasse Kaffee zu trinken. Vielleicht werden wir - nach geraumer Zeit - zusammen über die Vergangenheit lachen können. Vielleicht werden wir eines Tages sogar einen nahöstlichen gemeinsamen Markt, eine Art Konföderation gründen können. Aber es wird nicht möglich sein, gleich damit anzufangen. Die Berliner Mauer abzureißen und dann einander in die Arme zu fallen - so einfach ist es in unserem Lande nicht. Hier geht es nicht um ein Volk, das durch eine Mauer getrennt ist. Hier handelt es sich um zwei Bevölkerungsgruppen, zwei Gemeinschaften, die siebzig Jahre lang das Blut voneinander vergossen haben, es gibt Mißtrauen, Frustrationen, und beide Gemeinschaften müssen eine Weile allein bleiben, zumindest fürs erste.

Es ist schwer zu sagen, wie groß der Einfluß von »Peace Now« in der Gesellschaft ist. Gewiß nicht marginal. Wenn wir einen Standpunkt öffentlich einnehmen, hat das keine unmittelbare politische Auswirkung. Aber das Auftauchen von »Peace Now« im Jahre 1978 hat es für Begin vielleicht erst möglich gemacht, den Friedensvertrag mit Ägypten zu unterzeichnen. Alles in allem repräsentiert »Peace Now« die Meinung von etwa der Hälfte der Bevölkerung.

Shamir redet bereits seit einem Jahr indirekt mit der PLO, er geht zu den Amerikanern und sagt ihnen, sie sollen es der PLO sagen, und die PLO antwortet den Amerikanern, und die sagen es wieder Shamir, und so weiter. Das ist dumm, weil damit nur ein Ortsgespräch in ein Ferngespräch umgewandelt wurde, und das ist wenig effektiv. Warum von Jerusalem nach Jerusalem telefonieren über Washington D. C.? Für Shamir geht es dabei freilich um Prinzipien, um Prinzipien jedoch, die ich nicht teilen und unterstützen kann.

Obwohl ich in diesem Lande den Ruf habe, ein gefährlicher Radikaler zu sein, habe ich mich selbst niemals für einen Radikalen gehalten, vielmehr für einen politischen Evolutionisten. Ich glaube an Schritt-für-Schritt-Lösungen. Wir sollten uns mit den Palästinensern über die Teilung des Landes einigen. Sie könnten ihre Unabhängigkeit in einem fünf oder zehn Jahre währenden Prozeß erhalten. In dieser Zeit könnten sich die Gefühle abkühlen und einige israelische Befürchtungen sich als falsch erweisen. Ich glaube nicht einmal, daß Jerusalem durch Mauern und Stacheldraht geteilt werden müßte. In Jerusalem müßte jeder seine Nationalität selber wählen können, vielleicht durch die Gründung von einem halben Dutzend Unterbezirken: für ultraorthodoxe Juden, für Armenier und so weiter, aber die Stadt müßte einig bleiben. Diese Art der Lösung habe ich bereits Israelis und Palästinensern, Europäern und Amerikanern vorgeschlagen, und da sie alle strikt dagegen waren, könnte dieser Vorschlag vielleicht tatsächlich verwirklicht werden.

Im Moment ist mehr Ärger und Frustration als wirklicher Haß zwischen Juden und Arabern da. Es ist wieder dieser europäische, im Christentum wurzelnde Sentimentalismus, zu glauben, daß der erste Schritt sein könnte, den Ärger zu entflechten, und der zweite, Frieden zu machen. Normalerweise geht es genau umgekehrt. Zuerst wird irgendein politisches Arrangement getroffen, und dann erst fangen die Stereotypen an abzusterben, dann fängt der Haß zu schwinden an. Genau so geschieht es in Europa. Es ist nicht ein plötzlicher Ausbruch der Liebe zwischen den Leuten in Europa, wodurch dieser Kontinent in den letzten Jahren zu einem relativ friedlichen Ort geworden ist. Es ist umgekehrt. Zuerst gab es ein politisches Arrangement zwischen den Nationen, und dann erst hat die ökonomische Rationalität die gefühlsmäßigen Regungen abgelöst.

Was Sie noch bedenken sollten: Der Nahe

Osten ist ein sehr gefühlsgeladener Ort, Juden und Araber sind gefühlsgeladene Völker, sie geraten schnell in Wallung. Nur einige Monate bevor Präsident Sadat 1977 Jerusalem besucht hatte, sagten die Ägypter, niemals würden sie mit der Zionistischen Einheit Frieden schließen. Die meisten Israelis sagten, sie würden niemals den ganzen Sinai zurückgeben, für keinen Frieden. Dieses »niemals« und »für immer und ewig« dauerte ein paar Monate lang. So habe ich festgestellt, daß, wenn im Mittleren Osten »niemals« oder »für immer und ewig« gesagt wird, dann damit etwas zwischen sechs Monaten und dreißig Jahren gemeint ist.

Die Lösung dieses Konflikts lag bis vor fünf Jahren nicht an uns. Jetzt, nach siebzig Jahren, hängt es zu fünfzig Prozent von Israel ab, diesen Konflikt zu lösen, denn der palästinensische Standpunkt hat sich geändert. Siebzig Jahre lang sagten sie, es solle kein Israel geben. Sie glaubten tatsächlich, daß sie nur fest ihre Augen reiben müßten und Israel würde sich wie ein Alptraum in Nichts auflösen. Jetzt sagen sie, daß sie bereit wären, mit Israel eine Art Koexistenz einzugehen. Die Konditionen sind sehr hart. Aber es ist Zeit zu verhandeln. Der Ärger, die Frustration und auch der Fanatismus von uns Israelis haben ihre Wurzeln darin, daß wir alle die Erfahrungen Salman

Rushdies gemacht haben: Siebzig Jahre lang wurde eine Art kollektives Todesurteil über uns verhängt. Unter diesen Umständen konnte man nicht viel tun, außer sich zu verteidigen, den Konflikt nicht eskalieren zu lassen. Da aber jetzt einige arabische Länder bereit sind zu einer Koexistenz mit Israel, müssen wir mit ihnen verhandeln.

Es sind zu viele Uhren, die hier gleichzeitig tikken: Der arabische Fundamentalismus ist eine von ihnen. Vielleicht ist die Mäßigung der arabischen Regierungen ihre Reaktion auf den Fundamentalismus. Jetzt würde Arafat vielleicht gewählt werden; das zu prüfen ist aber nur über freie Wahlen möglich. Weil er gegenwärtig mit großer Wahrscheinlichkeit gewählt werden würde, sollte man so schnell wie möglich diese Wahlen veranstalten. Aber wen auch immer die Palästinenser wählen werden, der wird Israels Partner bei den Verhandlungen sein, egal, ob wir ihn mögen oder nicht.

Ich bin schon lange nicht mehr in einer politischen Partei. Ich habe öfters die Arbeiterpartei oder andere linke Parteien unterstützt. Ich gehe demonstrieren, halte Reden, schreibe Artikel und Essays. Aber ich war nie ein professioneller Politiker, ich habe mich niemals um ein Amt beworben. Ich bin dafür nicht qualifiziert, denn niemals könnte ich »no comment« sagen. Wenn ich sehr böse werde, mache ich einen leidenschaftlichen

Guerillaangriff aus dem Busch heraus und ziehe mich danach wieder in den Busch zurück. Aber Soldat einer regulären Armee könnte ich nicht sein. Ich kann mein Leben nicht in Sitzungen verbringen und die Taktik diskutieren. Für mich sind Parteien wie Verkehrsmittel: Solange sie in die Richtung gehen, in die auch ich gehen will, benutze ich sie. Zu keiner von ihnen habe ich sentimentale Bindungen.

Ich habe eine sehr tiefe gefühlsmäßige Bindung dagegen zu den frühen zionistischen Sozialisten, dort sind meine intellektuellen und gefühlsmäßigen Wurzeln bis heute. Sie hatten viel mehr verstanden als die Marxisten und die anderen europäischen Sozialisten. Die siebzig Jahre lange Auseinandersetzung mit den Arabern hat vieles verzerrt, es war nicht möglich, den Traum der frühen Zionisten in der Realität eines fortdauernden Konflikts zu verwirklichen. Sie hatten eine sehr realistische Einschätzung von der Natur des Menschen. Keine besonders optimistische. Im Gegensatz zu den europäischen Sozialisten nahmen sie niemals an, daß, wenn man die sozialen Verhältnisse änderte, die Leute sofort besser werden, die Gier, die Ambitionen oder die Selbstsucht auf der Stelle verschwinden würden. Auf der anderen Seite ließen sie sich niemals durch marxistische Vereinfachungen verführen: daß wir die Augen der Menschen mit Gewalt öffnen müßten und dann würden sie das Licht erblicken. Sie glaubten, daß die Menschen nicht gleich geschaffen sind, aber es sollte ihr gleiches Recht sein, verschieden zu sein. Auch glaubten sie daran, daß es sehr wichtig sei, kleine, freiwillige soziale Zellen zu erzeugen, ausgedehnten Familien gleich, in denen die Menschen innerhalb der Parameter von Scham und Stolz handeln würden, nicht innerhalb von Leistungen und materieller Entlohnung. Wenn man weiß, wofür man arbeitet, für Freunde, für eine direkte soziale Umgebung, dann wird man sich schämen, sie auszubeuten, und man wird stolz darauf sein, einen Beitrag geleistet zu haben. Deshalb dachten sie, daß Scham und Stolz im sozialen Leben bedeutender sein könnten als materielle Entlohnung. Und sie waren keine Asketen. Niemals dachten sie, daß alle gleich arm sein müßten. Warum nicht alle gleich reich? Niemals dachten sie, daß der Sozialismus von oben, von den staatlichen Institutionen, kommen müßte. In gewisser Weise waren diese Leute Anarchisten. Ich würde sie - zumindest einige der Gründungsväter des zionistischen Sozialismus - als halbreligiöse, soziale Anarchisten bezeichnen.

Einer von ihnen, Gordon, schreibt an einer Stelle, daß die beiden befriedigendsten Erfahrungen des Menschen Kreativität und Verantwortung seien. Und dabei ist es egal, wie klein die Sache ist, um die es geht. Ein menschliches Wesen, dem diese Möglichkeiten vorenthalten werden, verwandelt sich in ein Monster. Die zionistischen Sozialisten waren sehr skeptisch, was den romantischen Gedanken betrifft, die Menschen seien alle gut von Geburt aus. Sie warnten: Die Unterdrückten und Ausgebeuteten der Welt träumen nicht davon, einfach frei zu sein. Sie träumen davon, Unterdrücker und Ausbeuter zu werden. Die Idee des Sozialismus ist zwar für immer vergiftet durch den realen Sozialismus in der Sowjetunion. Aber wäre es nicht so, würde ich sagen, diese frühen zionistischen Sozialisten waren realistische Sozialisten. Sie stehen meinem Herzen sehr nahe, auch wenn ich weiß, daß ihre Visionen gegenwärtig ferne Träume sind.

Israel ist heute eine unfertige Demokratie, wie jede Demokratie, die mit einem äußeren Feind konfrontiert ist, wie die englische oder amerikanische während des Zweiten Weltkrieges. Und in gewisser Hinsicht ist Israel keine Demokratie, sondern die Anarchie. Es ist ein Land, in dem jedes Individuum das Land nicht einfach verändern oder beeinflussen, sondern es selber regieren will. Es ist eine Nation von vier Millionen Ministerpräsidenten, jeder der vier Millionen ist ein selbsternannter Messias, ein Prophet. Jeder weiß alles besser. Politik im Westen ist meistens gleichbedeutend mit dem Lebensstandard, mit dem Preis des Bieres. Hier in Israel ist Politik eine Frage von Leben und Tod. Es ist nicht etwas, was draußen in der Ferne passiert und vielleicht einen gewissen Einfluß auf die Qualität unseres Lebens haben könnte. Hier kann eine einzige falsche Entscheidung zur Folge haben, daß ich tot bin. Nicht arm, tot. Darum sind die Leute so politisch, so gefühlsgeladen, so engagiert.

Israel ist ein zutiefst demokratisches Land, denn niemand akzeptiert Befehle, niemand gehorcht blind. Aber es gibt viele Löcher in dieser Demokratie. Die Menschenrechte sind nicht das, was sie sein sollten. Und wenn ich von Demokratie in Israel spreche, so schließe ich die besetzten Gebiete bewußt aus: Sie sind nicht Teil von Israel. Juristisch gesagt, stehen sie unter Militärverwaltung, und eine demokratische Militärverwaltung kann es nicht geben. In der Westbank oder in Gaza besteht nicht einmal die Fassade der Demokratie.

Aber, wie gerne ich auch als der große Dissident vor Deinen Lesern erscheinen möchte, als der israelische Solschenizyn etwa - ich bin es nicht. Niemals hatte ich Schwierigkeiten, weil ich meine Meinung gesagt habe, außer daß mich Leute beschimpft oder mir Drohbriefe geschickt haben. Es gibt keine Zensur, keinen Druck von der Regierung, meine Meinung zu ändern.

Es ist nicht die Armee, die die Nation formt, sondern umgekehrt, die Nation prägt die Armee. Ich werde Dir eine Geschichte erzählen. Im Juni 1967 war ich als Reservist mobilisiert worden, und in der letzten Nacht, bevor der Sechstagekrieg losging, saß ich am Lagerfeuer mit meinen Kameraden, alle Reservisten in verschiedenem Alter, und wir sprachen über die bevorstehende Schlacht. Irgendwann war der General aus dem Dunkeln aufgetaucht, und wir verstummten alle. Er fing an, uns sein eigenes Szenario für die Schlacht vorzutragen. Nach etwa vier Sätzen wurde er von einem rundlichen, bebrillten Korporal mittleren Alters unterbrochen. Er sagte höflich: »Entschuldigen Sie, General, aber haben Sie jemals Tolstois ›Krieg und Frieden‹ gelesen?« Der General antwortete: »Was meinen Sie denn, natürlich habe ich es gelesen.« - »Sind Sie sich dessen bewußt, daß Sie genau den gleichen Fehler begehen wollen, den - nach Tolstoi - die Russen in der Schlacht von Borodino begangen haben?« fragte der Korporal. In wenigen Sekunden verwickelte sich die ganze Einheit, der General inbegriffen, in eine heftige, hitzige und lautstarke Debatte, über Tolstoi, »Krieg und Frieden«, Geschichte, Strategie, Moral. Es stellte sich heraus, daß der Korporal Professor für russische Literatur in Tel Aviv war, der General dagegen an der Uni Jerusalem in Philosophie promoviert hatte. Was ich damit sagen wollte: Es ist die Nation, die die Armee formt, ihre Anarchie, von der wir schon sprachen. Bis heute operiert diese Armee oft wie eine Jugendbewegung, mit Argumenten, Debatten viel eher als mit Befehlen und ihrer Ausführung.

Diese Nation wurde nicht aus einer Armee oder aus Pyramiden, sondern aus Büchern geboren, aus gemeinsamen Büchern, beginnend mit der Bibel. Die literarische Kreativität war das einzige, was den Juden über Tausende von Jahren geblieben war. Sie konnten Bücher schreiben und lesen. Dieser Staat wurde aus einem Buch von Theodor Herzl geboren. Tel Aviv war, bevor es zu einer Stadt wurde, bevor auch nur ein Stein niedergelegt wurde, auch ein Buch. »Alt-Neuland« war der Titel eines anderen Buches von Herzl, und Tel Aviv ist die – sehr freie – Übersetzung dieses Titels. Alles, was Du siehst in diesem Land, Krisztina, die Armee und was in Steine und Beton gegossen wurde, die Bäume, Straßen und Brükken, alles kam aus den Büchern. Die Bücher waren die Pyramiden der Juden. Die Juden, die aus Nordafrika, Äthiopien oder sonstwoher kommen, wenn sie nicht eine gewisse gleiche literarische, liturgische, kulturelle Tradition gehabt hätten, sie wären nicht hierhergekommen. Was sie herbringt, sind die Bücher. Die Unterdrükkung hätte sie auch in andere Länder vertreiben können. Warum war es für Israel so selbstverständlich, den Äthiopiern die Einwanderung anzubieten? In drei Minuten kann man auf einer beliebigen Straße herausfinden, daß es keine jüdische Rasse gibt. Juden sind keine ethnische Gruppe, alles, was sie verbindet, ist in ihren Köpfen. Was hat ein deutscher Intellektueller, der in den dreißiger Jahren eingewandert ist, mit einem äthiopischen Juden gemeinsam? Sicherlich nicht die Vorliebe für Bach, Goethe oder ihre Zimmereinrichtung. Aber sie beide haben gewisse Bücher gelesen und studiert, und sie beide haben die Erfahrung gemacht, daß man sie verfolgt hat, weil sie Juden sind.

Das moderne Hebräisch macht gegenwärtig eine Entwicklung durch, die vergleichbar ist mit der des Englischen unter Elisabeth I. Die Sprache ist wie dahinschmelzende Lava, das heißt, der Schriftsteller, ein Dichter, kann sich exzessive Freiheiten erlauben, er kann neue Wörter, neue Formen erfinden. Wenn ich sage, die Sprache sei wie das elisabethanische Englisch, so will ich damit nicht sagen, daß jeder Dichter ein Shakespeare sei. Wir haben zur Zeit bestimmt nicht mehr als ein halbes Dutzend Shakespeares in Tel

Aviv. Aber die Versuchung ist sehr groß, die Sprache neu zu gestalten, in die Sprache hineinzuregieren. Es ist eine schwere Verantwortung. Hebräisch hat - wie jede andere Sprache auch - eine bestimmte Tiefenstruktur, die ich gerne bewahren, vor Modernisierung schützen möchte.

Ein Beispiel: Im Hebräischen steht das Verb in der Regel ganz vorne. Das spiegelt eine Art kognitiver Hierarchie wider. Was ist wichtig? Was du getan hast, oder wo, wann und wie du es getan hast? Seit der Zeit der Bibel steht die Handlung ganz oben in der Priorität: Bevor wir uns darüber unterhalten, wo, warum, weshalb und wem du etwas angetan hast, laß uns zunächst feststellen, was du eigentlich getan hast. Sprachen reflektieren in einer sehr tiefen Weise ein bestimmtes kulturelles Ethos, ein Wertesystem. Ich glaube, daß das hebräische Wertesystem ein gutes ist, und ich möchte es bewahren. Dies ist nicht einfach unter dem Druck der Modernisierung und dem Einfluß von vielen Fremdsprachen. Hebräisch ist eine Person mit lockerer Moral, sie war oft verheiratet, sie wurde beeinflußt durch das Aramäische, das Arabische, durch Russisch, Deutsch, Jiddisch, Englisch und Polnisch. Und all diese Einflüsse bewirken eine enorme Flexibilität. Man könnte das Verb überall hintun, und es wäre immer noch ein gutes, korrektes Hebräisch, es würde freilich den sprachlichen Hintergrund des Sprechers widerspiegeln. Solche Sätze schreibe ich oft, in Dialogen zum Beispiel, und dann ist es nicht mehr nötig zu sagen, daß diese Person russischer Abstammung ist oder aus dem Nahen Osten kommt. Wenn ich Dialoge schreibe, bin ich nur Zeuge, und ich versuche, ein aufrichtiger Zeuge zu sein. Aber wenn es eine Beschreibung ist oder ein philosophischer oder erzählender Abschnitt, dann fühle ich mich verantwortlich dafür, die Tiefenstruktur der hebräischen Sprache in Kraft zu setzen und zu bewahren, wegen der Werte, die, wie ich glaube, diese Struktur enthält. Dabei fühle ich mich oft wie ein Don Quijote, der versucht, etwas zu verteidigen, was es schon lange nicht mehr gibt.

Das Verb ist nur ein Beispiel, es gibt andere. Im Hebräischen gibt es kein Verb für »haben«. Wenn ich sagen wollte, ich habe eine Frau, müßte ich wörtlich sagen: »Es ist eine Frau mit mir«, oder »Es ist ein Päckchen Zigaretten mit mir«. Das mag ein archaisches, nomadisches Verhältnis sein. Jemand oder etwas ist heute mit dir, morgen mögen sie mit jemand anderem sein. Nichts gehört wirklich dir. Du kannst kein Besitzer sein. Auch das beginnt sich unter dem Einfluß von Fremdsprachen zu ändern. Und auch diese Struktur möchte ich bewahren. Ich bin kein Traditionalist. Ich lehne

Slang nicht ab, ich bin nicht gegen neue Wörter, ich selbst habe einige erfunden. Wenn ich ein Wort brauche, das es nicht gibt, kann ich durch Hinzufügen eines Prä- oder Suffixes zu einem biblischen Wort ein neues Wort kreieren. Einmal kam ein von mir erfundenes Wort von einem Taxifahrer zu mir zurück, von jemandem, der nicht die leiseste Ahnung hatte, wer ich bin. Das, Krisztina, ist die nächste Nähe zur Unsterblichkeit, die überhaupt möglich ist. Meine Bücher, die mögen morgen schon vergessen sein, aber dieses Wort wird möglicherweise so lange leben wie die Sprache selbst. Es ist ein Teil der Blutzirkulation, es ist meine Pyramide.

Die Keime jüdischer Literatur sind in allen europäischen Literaturen zu finden. Jede Einwanderungswelle bringt natürlich ihre eigenen literarischen Traditionen und Prioritäten mit sich. Wenn du in ein bestimmtes literarisches Café in Tel Aviv gehst, wirst du den John Donne der jüdischen Literatur antreffen und Lord Byron, der mit Allen Ginsberg an einem Tisch sitzt. Alle miteinander streitend. Alle literarischen Richtungen, die Europa in vielen hundert Jahren hervorgebracht hat, tauchten hier in wenigen Jahrzehnten auf. Romantik, Klassizismus, sozialistischer Realismus und Surrealismus. Hier ist Franz Kafka ein Zeitgenosse Goethes. Doch würde ich sagen, daß der

Einfluß der russischen Literatur am stärksten war, vielleicht, weil die russischen Einwanderer als erste hier waren. So würde ich auch meine Wurzeln als jüdische und russische definieren. Obwohl ich russische Literatur nur in Übersetzung lesen kann, wurde ich durch meine Familie beeinflußt, ich las die Russen zuerst, und erst später lernte ich die westliche Literatur kennen. Manche, die nur zehn oder fünfzehn Jahre jünger sind als ich, haben ihre wesentlichen Einflüsse aus England und Amerika erhalten.

Ich muß manchmal weggehen aus dem Land, um Distanz zu gewinnen, von der Politik, von der Sprache, von der Literaturszene. Doch könnte ich nie länger als ein Jahr fernbleiben, denn ich fange an, den Kontakt zur Sprache zu verlieren. Ich gehe meistens nach England oder Amerika. Es muß ein anderes Land, ein anderes Licht, ja am besten ein anderes Klima sein. Ich gehe gerne in den Norden, zum Teil, weil dort meine Wurzeln sind. Ich bin mit einer fast mythologischen Idee von Europa aufgewachsen, von einem Europa, das meine Eltern zugleich liebten und haßten. Jedesmal, wenn ich in den Norden gehe, und das könnte sowohl Boston als auch Skandinavien oder England sein, habe ich ein seltsames Gefühl von déjà-vu, daß ich diese Orte schon früher gekannt habe. Aber ich habe auch ein Gefühl von

Entfremdung, Zorn und manchmal sogar Angst und eine schreckliche Traurigkeit.

Warum? In den dreißiger Jahren waren meine Eltern, insbesondere mein Vater, hingebungsvolle Europäer. Sie betrachteten sich als Europäer. Mein Vater war ein russischer Jude, der später nach Polen übersiedelte. Er fühlte nie russisch, denn Rußland war zu dieser Zeit extrem antisemitisch. Aus den gleichen Gründen fühlte er auch nie polnisch. Aber er fühlte stark europäisch, er sprach sechzehn europäische Sprachen, er war vergleichender Literaturwissenschaftler, und er liebte Europa. Tragischerweise waren damals in den frühen dreißiger Jahren die einzigen Europäer fast nur Juden wie mein Vater. Die anderen waren entweder Pangermanen oder Panslawisten oder einfach bulgarische Patrioten. So waren diese kosmopolitischen Juden die einzigen Europäer - nur daß Europa sie nicht haben wollte. Es war ein wahrhaft herzzerreißendes einseitiges Liebesverhältnis. Man hatte sie rausgeschmissen - nicht nur die Nazis, alle.

Mein Großvater war einer der frühen Zionisten in Odessa. Er war Zionist vor Herzl, und er war auch ein Dichter, ein schlechter, sentimentaler Dichter, der Gedichte über Zion schrieb, das er nie gesehen hatte, und über die hebräische Sprache, die er nicht sprach. Er schrieb in seiner Muttersprache, auf russisch. Als Rußland wegen der Revolution unmöglich wurde - mein Großvater war ein Mittelklasse-Bourgeois -, nahm er seine Familie und flüchtete nach Polen, nicht ganz nach Polen, nach Wilna. Dort lebten sie vierzehn Jahre lang, bis auch dort der Antisemitismus unerträglich wurde. Aber selbst dann dachte mein Großvater nicht daran, wegen seiner Ideologie nach Zion zu gehen, weil die Lebensbedingungen ihm dort zu primitiv waren, zu asiatisch, er aber war ein Europäer. Also beantragte er 1931 einen amerikanischen Paß, aber die Amerikaner sagten »nein«. Er wollte die englische Staatsbürgerschaft, aber auch die Engländer sagten »nein«, sie hatten schon genug Juden. Die Franzosen sagten auch »nein«. Er war sogar verrückt genug, 1931 die deutsche Staatsbürgerschaft zu beantragen. Und ich bin den Behörden der Weimarer Republik sehr dankbar, daß sie ihn ablehnten, denn sonst gäbe es mich gar nicht.

So beschloß er traurig, nach Jerusalem zu gehen, das er in seinen Gedichten als Paradies auf Erden, als himmlische Stadt beschrieben hatte. In Wirklichkeit war es für ihn ein sehr schwieriger Ort: die Hitze, die orientalische Atmosphäre, der Provinzialismus, die Gewalt, die Armut, die Einsamkeit, das Fehlen einer nahen Konzerthalle, einer guten Oper, einer guten Bücherei machten ihm schwer zu schaffen. Das Fehlen von KULTUR, von dem, was er, als Europäer, als Kultur definieren würde. Als er nach Jerusalem kam, gab er das Dichten auf. Er wurde Geschäftsmann, er importierte die Mode des vergangenen Jahres aus Wien für die orientalischen Damen aus Jerusalem. Das ging gut für eine Weile, aber nach einigen Jahren kam ein Jude, der noch cleverer war als mein Großvater, und importierte die Mode des vergangenen Jahres aus Paris. Mein Großvater war erledigt und fing wieder an, Gedichte zu schreiben. Immer noch auf russisch, süße, sentimentale, patriotische Gedichte über Jerusalem, wo die Straßen mit Smaragden gepflastert sind, wo Gott überall ist und Engel an den Straßenecken herumstehen. Ich war damals ein kleiner Junge und fragte meinen Großvater: »Warum schreibst du auf russisch, du kannst doch schon Hebräisch? Du schreibst Liebesgedichte an die hebräische Sprache auf russisch!« – »Schau, Junge«, sagte er, »ich lache und weine und träume auf russisch, also schreibe ich auch auf russisch.« Das gab einen Sinn. »Aber was soll der Scheiß mit den Engeln und den Smaragden«, fragte ich weiter, »du lebst jetzt schon so lange in Jerusalem, du weißt es doch, wie das echte Jerusalem ist.« In dem Augenblick, in dem ich das »echte Jerusalem« aussprach, lief mein Großvater dunkelrot an und brüllte los:

»Was zum Teufel weißt du über das echte Jerusalem! Das echte Jerusalem ist das meiner Gedichte!« Und er hatte zweifellos recht, keine Frage. Aber ich habe Dir die Geschichte nur erzählt, um den Widerspruch zu zeigen, sowohl was Jerusalem als auch was Europa betrifft.

Mein Vater promovierte an einer polnischen Universität in vergleichender Literaturwissenschaft, und er kam nach Jerusalem mit der Hoffnung auf eine akademische Karriere, er hoffte, Universitätsprofessor zu werden an der frisch gegründeten Hebräischen Universität in Jerusalem. Er wurde es nie. Denn zu seiner Zeit gab es mehr Professoren in Jerusalem für vergleichende Literaturwissenschaft als Studenten. Es gab Dutzende von Professoren aus Deutschland für dieses Fach von den besten Universitäten. Mein Vater hatte nur ein Diplom von der gottverlassenen Universität Wilna, und so wurde er Bibliothekar und blieb es sein Leben lang. Er schrieb freilich eine Reihe von Büchern über vergleichende Literaturwissenschaft.

Meine Eltern pflegten mir zu sagen, als ich noch ein kleiner Junge war: Irgendwann einmal, nicht mehr in unserem Leben, wird dieses Jerusalem vielleicht eine echte Stadt werden. Und es dauerte fünfundzwanzig Jahre, bis ich herausgefunden hatte, daß eine echte Stadt für sie bedeutete: um die Stadt herum einen dichten Wald, in der Stadt einen Fluß mit Brücken und eine Kathedrale. Ihre Haßliebe zu Europa ist auch in mir und ist in allem drin, was ich geschrieben habe: das Gefühl von einem Zuhause, was kein wirkliches Zuhause ist, von einem anderen Ort, der wunderbar, aber auch schrecklich und gefährlich ist, das Gefühl, daß Europa meinen Großvater, meinen Vater und meine Mutter ausgestoßen hat. Ich fühle eine Kombination von Faszination und Ärgernis gegenüber dem christlichen Europa, es ist die Faszination des Nordens, wo es dichte Wälder, Kathedralen und Flüsse mit Brücken gibt. Und doch, wie Du sehen kannst, letztlich ziehe ich es vor, hier in der Mitte der Wüste zu leben, zwischen anderen Juden, und hier bin ich zu Hause. Außerhalb von Israel habe ich viele Gefühle, aber ich fühle mich nie zu Hause. Hier in Arad dagegen nehme ich die Mühe auf mich, im Garten zu arbeiten, nur um ein Mikroeuropa in meinem Garten in der Mitte der Wüste zustande zu bekommen.

Meine Bücher werden oft als politische Erklärungen interpretiert, das sind sie aber nicht. Wenn ich etwas klar sagen will, beispielsweise, daß meine Regierung sich zum Teufel scheren soll, dann schreibe ich einen Artikel oder gehe auf eine Versammlung oder ins Fernsehen und sage:

»Liebe Regierung, scher dich bitte zum Teufel.« Nicht, daß sie dann gehen würde, aber ich sage es. Es lohnt sich nicht, einen ganzen Roman über die verhältnismäßig einfache Frage zusammenzutragen, was die Regierung tun sollte oder was die Lösung des israelisch-palästinensischen Konflikts ist. Ich würde so etwas tun, wenn ich in einer Diktatur lebte und bei Allegorien Zuflucht nehmen müßte. Ich habe das hier jedoch nicht nötig. Wenn ich eine politische Erklärung abgeben möchte, dann schreibe ich sie.

Wenn ich in voller Übereinstimmung mit mir selbst bin, gleichgültig, worum es sich dabei handelt: um einen Teil des Lebens oder den Aufbau des Landes, dann schreibe ich einen Artikel. Wenn ich jedoch auch nur ein bißchen ambivalent bin, wenn ich mehr als eine Stimme in mir habe, wenn ich mehrere Seiten, drei, vier oder fünf in mir spüre, dann kann diese Widersprüchlichkeit, die Verschiedenheit der Stimmen zu dem Embryo einer Geschichte werden. Vielleicht können die verschiedenen Stimmen zu verschiedenen Charakteren werden, und wenn es Charaktere gibt, dann geraten sie in Konflikte, und die Konflikte ergeben Handlung.

Mich haben immer die unglücklichen Charaktere angezogen, die mißverstandenen, unzufriedenen und gescheiterten Individuen. Vielleicht weil

Glücklichsein relativ banal ist, wenn es das überhaupt geben sollte. Vielleicht weil es banal ist, darüber zu berichten, daß eine Brücke geplant und erfolgreich gebaut wird. Wenn die Brücke steht, gibt es keine Geschichte. Es waren immer das menschliche Elend, die Enttäuschung, das Scheitern, die Einsamkeit, der Verlust von Illusionen, was den Erzähler in mir weckte. Ich habe meinen Blick bewußt auf die Syndrome des Morgens danach konzentriert: egal, ob es um die Ehe oder um den Versuch, die Welt zu verändern, geht. Verglichen mit der Größe der ursprünglichen Idee, ist der Kibbuz natürlich gescheitert. Verglichen mit den ursprünglichen Träumen ist auch Israel gescheitert, weil wir in den Träumen etwas schaffen wollten, was vollkommener ist als vollkommen, etwas Göttliches, etwas, wo die Straßen mit Smaragden gepflastert sind und Engel an den Ecken herumstehen. Aber wenn man die wirkliche Welt betrachtet, ist es doch die Geschichte eines Erfolgs. Die einzige Möglichkeit, einen Traum unberührt und unverdorben zu belassen, ist, ihn niemals verwirklichen zu wollen. Jeder erfüllte Traum ist unvollständig, egal, ob es um die Verwandlung einer feurigen Liebe in eine prosaische Ehe, ob es um das Großziehen von Kindern oder auch um das Schreiben von Büchern geht. Man hat ein Opus magnum im Kopf, das die letzte

Wahrheit und der absolute Höhepunkt der Schönheit werden soll, und man endet damit, daß man schreibt, was man kann. Das Beste, was du schreiben kannst, wird immer weit weg davon entfernt sein, was du wirklich schreiben wolltest. Natürlich gibt es in meinen Romanen die Konfrontation zwischen dem messianischen Traum, dem Traum vom »Größer-als-das-Leben« und der kleinen, prosaischen, langweiligen, grauen Realität des alltäglichen Lebens. Aber gerade das ist es, was mich fasziniert.

Es ist wahr, daß Liebe, Ehrgeiz, alle Träume in meinen Romanen in irgendeiner Weise gescheiterte Träume sind. Alles, was ich dabei zu meiner Verteidigung anführen kann, ist, daß ich mich dabei in guter Gesellschaft befinde. Die Träume müssen scheitern, weil sie zu hoch gegriffen sind. Weil meine Charaktere niemals kleine, bescheidene, erreichbare Träume haben. Sie haben alle unrealistische Träume, glauben alle an etwas, woran ich persönlich nicht glaube, glauben an die Erlösung, an die Möglichkeit, neu geboren zu werden, ein neues Blatt in ihrem Leben aufschlagen zu können, manche von ihnen glauben an die ewige unablässige Liebe, manche an das ewige Glück – du kommst dort einfach an, lehnst dich zurück und genießt dein Glück bis in alle Ewigkeit. Eben weil diese Leute an Dinge glauben, an die ich nicht glaube, muß es unglücklich mit ihnen enden.

Ich glaubte immer daran, daß die Optimisten sehr unglückliche Leute sind, die Pessimisten dagegen - wenn auch nicht glückliche, so doch frohe Leute sein können. Der Optimist steht auf in der Frühe und erwartet, seine Hausschuhe neben dem Bett zu finden. Sie sind aber nicht dort, und er ist enttäuscht. Dann schneidet er sich beim Rasieren, und er wird böse. Er will Kaffee kochen, aber es ist keiner da, oder der Strom ist gerade abgeschaltet. Der Pessimist dagegen erwartet es gar nicht, daß seine Hausschuhe neben dem Bett sein werden, und wenn er sie doch gefunden hat, ist er hoch erfreut. Er schneidet sich beim Rasieren nicht und freut sich wieder, er will Kaffee kochen, und es ist Kaffee im Hause, und die Welt ist in Ordnung. Ich bin ein solcher Pessimist, schau mich an, ich rechne immer mit dem Schlimmsten. Und im Ergebnis führe ich ein nicht unbedingt glückliches, aber ein ausgeglichenes Leben. Weil ich keine besonders hohen Erwartungen an das Leben gestellt habe.

Ich kenne den Tod aus nächster Nähe. Ich habe ihn auf dem Schlachtfeld und als kleiner Junge in Jerusalem kennengelernt. Ich sah den Tod, verpfuschte Leben, Verlust, Elend, ich bin zwischen Flüchtlingen aufgewachsen, die alles zurücklassen mußten. Und so ist fast eine Art religiöses Verlangen in mir, morgens, wenn ich in die Wüste hinausgehe - denn ich fange jeden Tag mit einem Gang in die Wüste an - und das Licht und die Steine sehe, jemandem »Danke« zu sagen. Ich weiß nicht genau, wem ich danke, es soll nur ausdrücken, daß ich nichts für selbstverständlich halte. Im Gegensatz zu meinen Charakteren betrachte ich nichts als selbstverständlich: nicht den Kaffee, den ich gerade getrunken habe, nicht das Licht, und der Effekt ist, daß ich manchmal, nein, nicht glücklich, aber erstaunt bin. Es ist diese Perspektive, die es mir ermöglicht, in die Haut von sehr enttäuschten und sehr unglücklichen Menschen zu schlüpfen. Wenn ich selber extrem enttäuscht und unglücklich wäre, ich könnte nicht schreiben, nur schreien. Oder sentimental um Gnade flehen. Oder mein Leben damit verschwenden, mich selber zu bemitleiden.

Also gehe ich jeden Morgen hinaus in die Wüste, dann trinke ich meinen Kaffee und lese die Zeitung. Das macht mich dann schon fertig, egal, wie gut ich mich auf das Schlimmste vorbereitet habe, was dort drin steht, ist immer noch schlimmer, als ich erwartet habe. Dann gehe ich um acht Uhr nach unten und arbeite wie ein Angestellter. Oder ein Fabrikarbeiter. Ich setze mich hin für sechs, sieben Stunden und arbeite, manchmal ohne irgend etwas zustande zu bringen. In der Vergangenheit im Kibbuz hatte ich schreckliche Schuldgefühle wegen meiner Unproduktivität. Es ist Mittagszeit, alle kommen vom Feld, sie haben gepflügt, die Kühe gemolken, sie haben Äpfel gepflückt, sie alle haben ihr Mittagessen verdient. Und hier bin ich, mit tintenbeschmierten Fingern, im gleichen Eßsaal, und niemand weiß es, nur ich, daß ich den ganzen Vormittag nur eineinhalb Zeilen geschrieben und sechs Zeilen von gestern gelöscht habe. Ich schämte mich, mit diesen produktiven Leuten zu Mittag zu essen.

Vielleicht als eine Art Selbstschutz entwickelte ich inzwischen die Philosophie eines Ladenbesitzers. Es ist mein Job, jeden Morgen um acht meinen Laden aufzumachen und auf Kunden zu warten. Wenn ich Kunden hatte, war es ein wunderbarer Tag. Wenn nicht, so habe ich wenigstens meinen Job getan, ich war schließlich da. Also halte ich mich daran, sechs oder sieben Stunden am Tag unten in meinem Arbeitszimmer zu verbringen, und ich mache dann nicht rum, ich nehme die Zeitung nicht mit, ich lese kein Buch. Entweder schreibe ich, oder ich denke nach. Ich warte auf Kundschaft.

Die meiste Zeit verbringe ich nicht damit, herauszubekommen, wer was als nächstes tun wird. Die meiste Zeit sitze ich mit einem Vergrößerungsglas im Auge und einer Pinzette in der Hand wie ein Uhrmacher und denke darüber nach, ob dieses Komma hier sein soll oder nicht, ob dieses Substantiv nach einem Adjektiv verlangt oder nach einem Adverb oder nach beidem oder nach gar nichts. Die meiste Zeit meiner Arbeit verbringe ich nicht mit solch göttlichen Dingen wie herauszubekommen, wer wen lieben oder wer sterben wird. Man stellt sich den Schriftsteller in der Regel wie einen kleinen Gott vor: er mordet und erweckt zum Leben, er bringt die Leute zusammen und trennt sie. Nein, die meiste Zeit verbringe ich damit, eine gewisse sprachliche Genauigkeit zu erreichen. Der Leser soll etwas sehen, hören, riechen oder erfahren, so wie ich das möchte. Das ist schwierig, weil ein Roman eine Koproduktion ist zwischen mir und dem unbekannten Leser. Wenn der Leser nicht bereit ist, seine Erfahrungen ins Spiel einzubringen, seine Sonnenuntergänge beispielsweise, dann wird es mit meinen Sonnenuntergängen auch nichts. Alles, was ich dem Leser geben kann, sind Auslöser.

Literatur ist die unsinnlichste aller Künste. Sie spricht nicht zum Auge wie das Theater oder die Malerei, sie spricht nicht zum Ohr wie die Musik. Gerüche zu beschreiben ist mit das Schwierigste, denn es gibt nicht genug Wörter für die Vielfalt der Gerüche. Die Sinnlichkeit der Welt in unsinnlichen Wörtern zu fassen, die relativ gefroren, festgelegt sind, das ist die Aufgabe. Wie die Sprache neu elektrisieren, wie den Leser hören, sehen, riechen, fühlen lassen, als wäre es das erste Mal? Eine Handlung zu erfinden, wer wem was antun wird, das herauszubekommen, ist gemessen daran ziemlich einfach. Ich muß die Handlung nicht einmal erfinden. Wenn ich erst die Charaktere in meinem Kopf habe, die machen schon die Handlung. Ihre Konflikte sind die Handlung, und die Dinge, die sie einander antun, erstaunen mich manchmal selbst. Ich bin auf diese Leute nicht vorbereitet. Häufig habe ich schon eine Vorstellung davon, was im nächsten Kapitel geschehen soll, wenn ich jedoch noch einmal durchlese, was ich geschrieben habe, zeigt es sich, daß es ganz anders gekommen ist, als ich es mir gedacht habe. Dann kann ich zu meinen Charakteren sagen, ich glaube nicht, daß es zu euch paßt, euch in einem Olivenhain bei Jerusalem zu treffen, ihr seid Leute, die sich eher in einem zivilisierten Café ein Rendezvous geben als unter Olivenbäumen oder in den Feldern. Und sie antworten mir, halt den Mund und schreib weiter. Du kannst uns nicht sagen, was wir tun oder lassen sollen. Das heißt, ab einem bestimmten Punkt verselbständigen sich die Charaktere und tun, was sie wollen. Man kann sie nicht wie Lehm bearbeiten, sie leisten Widerstand. Ich gebe nicht immer auf, manchmal sage ich auch: Geht zu einem anderen Schriftsteller, wenn ihr mich nicht mögt, das mache ich nicht mit. Es ist einmal zu sehr dieses, dann zu sehr jenes: zu banal, zu sentimental, zu einfach, zu trokken, zu melodramatisch. Aber wenn die Charaktere nicht diese Präsenz entwickeln, weiß ich, daß es kein Roman wird. Wenn sie jedoch zum Eigenleben erwacht sind, kann ich ihnen nicht mehr sagen, was sie tun sollen. Und sie wollen nicht nur das. Jeder von ihnen will am meisten gehört werden. »Jeder andere soll stillschweigen, laß mich allein meine eigene schmerzvolle, aufrichtige, wahre, tragische Version vortragen!« An diesem Punkt, Krisztina, fühle ich mich oft wie das Oberhaupt einer italienischen Großfamilie in einem Film von Fellini. Alle schreien durcheinander und wollen gehört werden, und ich muß dann mit der Faust auf den Tisch hauen und brüllen: »Alle den Mund halten, zuerst sprichst du und dann du.«

Aber es gibt in meinen Büchern nicht nur das Scheitern, das, glaube ich, siehst du nicht richtig. Es gibt auch eine Art Versöhnung. »Keiner bleibt allein« zum Beispiel endet mit einer Art Neuordnung der Familie. Leute, die tödliche Feinde sein sollten, das Kind, das nicht genau seines Vaters Kind ist, die Familie, die nicht wirklich wieder vereinigt ist, sie alle begreifen, daß, selbst wenn das Leben eine einsame Insel ist, sie auf dieser Insel zusammengeschlossen sind und sie alles, was sie bekommen können, nicht von Gott, nicht von einer Ideologie, sondern voneinander bekommen werden.

Auch »Mein Michael« würde ich nicht als eine Tragödie bezeichnen. Ich frage mich, oder ich frage Dich, was ist es, was diese Frau Hannah in »Mein Michael« so verzweifelt vermißt? Sie wollte einen Gelehrten zum Mann, sie hat ihn bekommen. Sie wollte ein Zuhause, sie hat es bekommen, sie wollte ein Kind, sie hat es bekommen. Sie aber wollte fliehen, sagst Du. Und siehst Du, Krisztina, in dieser Hinsicht bin ich ein vollkommener Romantiker. Ich glaube, daß die Menschen dazu bestimmt sind, mit dem Feuer zu spielen, wir alle spielen mit dem Feuer und verbrennen uns. Dann kommen wir zurück und versuchen unsere Wunden zu heilen, und dann gehen wir wieder hinaus, um uns erneut zu verbrennen. Ich kenne Dich nicht persönlich, aber ich weiß, daß dies auch Deine Geschichte ist, sie ist auch meine Geschichte. Es ist diese wirklich schmerzhafte und tragische Entscheidung zwischen Feuer und Asche. Das Feuer ist mehr, als wir ertragen könnten, es ist zu heiß, zu sengend, es ist wunderbar, aber es verbrennt uns. Und die Asche ist

Asche, langweilig, grau, monoton und zum Verzweifeln. Wozu ich einige meiner Figuren verleite, ist die Entdeckung, daß, obwohl wir weder mit dem Feuer noch mit der Asche leben können, doch die Möglichkeit besteht, aus der Asche heraus schmerzvoll nach dem Feuer zu verlangen. Und dann wieder aus dem Feuer heraus nach der Asche zu verlangen, was der grundsätzliche Rhythmus des Lebens überhaupt ist. Wir wollen zwei einfache Dinge: Wir wollen Frieden und Aufregung. Nur, daß man nicht beides haben kann. Der einzige Ort, wo man beides zugleich haben kann, ist die Literatur. Dort ist die Aufregung in Frieden gehüllt.

Stell Dir vor, Du sitzt in einem Zimmer. Es soll Winter sein. Es soll draußen regnen, Du bist ganz allein im Haus, Du sitzt in einem bequemen Sessel unter einer Stehlampe. So will ich es haben. Du sitzt in diesem Sessel und liest einen Roman über Einsamkeit und Elend und Liebe und Zerstörung und Tod, und Du bist angerührt und friedlich zugleich. So können meine Bücher zwar nicht den Weg zur Erlösung weisen, aber sie versuchen, selbst eine kleine Erlösung zu sein. Ich nehme an, daß dies die Katharsis für die Griechen war. Oder vielleicht ist dies nur meine eigene Interpretation davon.

So liest Du über diese arme Frau Hannah, die

scheinbar alles bekommen hatte, was sie bekommen wollte. Was sie jetzt noch nicht hat, wird sie in der Zukunft bekommen: Sie wollte ein größeres Heim, sie wird es haben. Sie will, daß ihr Mann Universitätsprofessor wird, er wird es bestimmt schaffen. Sie will, daß ihr Sohn es zu etwas bringt, der wird es auch schaffen. Und sie ist trotzdem traurig, weil der Tod sich ihrer täglich mehr bemächtigt. Sie stirbt Stückchen für Stückchen, sie stirbt Tag für Tag. So beginnt ja auch der Roman: »Ich will nicht sterben«. Und sie weiß, daß die einzige Alternative zum Tod dieses spektakuläre, heiße Brennen ist: die arabischen Zwillinge, die Prinzessin von Danzig, die roten Indianer, die U-Boote. All dieses romantische Feuer, von dem sie ja letztendlich weiß, würde sie damit in Wirklichkeit experimentieren, sie würde zu Tode verbrennen. Ich habe selber darüber nachgedacht: Warum nimmt sie sich denn keinen Liebhaber, sie ist schließlich eine hübsche Frau. Sie hat Madame Bovary und Anna Karenina gelesen, und sie weiß, daß dies nicht die Antwort ist. Was also ist die Antwort? Träume! Nicht einfach: verwirkliche oder vergiß sie. Weiterträumen.

Ich sagte Dir schon, alle meine Figuren sind – aus einem Grund, den ich nicht ganz durchschaue – anders als ich. Sie alle glauben an etwas, woran ich persönlich nicht glaube. Sie glauben an die

Existenz von etwas Absolutem, etwas Ganzem, an etwas, was größer ist als das Leben. An ewige Liebe, an »Fliegen« - in dieser oder jener Weise. Ich glaube an den Traum davon. Darum schreibe ich.

Vladimir Nabokov schreibt an einer Stelle über die Charaktere von Tschechow einige wunderbare Sätze. Er sagt, die Tschechowschen Charaktere, die entweder Ärzte oder Lehrer in einer Provinzstadt oder intellektuelle Grundbesitzer sind, haben ihre Augen auf die Sterne geheftet. Dieser Mensch hat eine Menge Mitgefühl mit den armen Hungernden in Afrika, mit den Kulis in China und mit den Muschiks in Rußland. Aber er hat viel weniger Mitgefühl mit seiner unmittelbaren Umgebung, mit seiner armen Frau, die er manchmal wie ein Tyrann behandelt, mit seinen Kindern, die er manchmal nicht einmal wahrnimmt. Er stolpert unentwegt, sagt Nabokov, aber er stolpert, weil seine Augen für immer und ewig auf die Sterne geheftet sind.

Michael in »Mein Michael« ist ein guter Mensch, wohlwollend, nüchtern, hart arbeitend, hingebungsvoll, verständnisvoll, sanft. Nur daß er Asche ist. Seine Ehe mit Hannah ist die Ehe der Asche, die das Feuer nicht verstehen kann. Die einzige Möglichkeit für mich, unsere eigene Begrenztheit zu überleben, mit dem zu leben, daß es etwas gibt, was wir nicht tun und nicht erreichen können - oder wir können es tun, aber der Preis ist enorm, zu hoch -, diese Möglichkeit ist, zu erkennen, daß man einen Kompromiß zwischen Asche und Feuer finden muß. Daß man sich beider bewußt sein muß. Beide sind Teile von dir. Und du mußt dich bewegen: zwischen Träumen und dem Zubereiten eines Salats, zwischen Phantasieren und Geldverdienen, zwischen dem Verlangen, die Welt zu verändern, und dem Einschalten des Staubsaugers.

Ich erzähle Dir eine andere Geschichte, sie kommt bei Schopenhauer vor, glaube ich: Es gab einmal eine Gruppe von Stachelschweinen. Sie froren, weil es sehr kalt war, und weil sie froren, versuchten sie sich aneinanderzupressen. Aber sobald sie einander nahe kamen, verursachten sie einander schreckliche Schmerzen. Also entfernten sie sich wieder voneinander. Aber dann froren sie wieder. Also rückten sie wieder zusammen und verletzten einander wieder. Das ist der Rhythmus des Lebens. Das ist, was wir die ganze Zeit tun. Wir können nicht nahe genug beeinander sein und uns nicht weit genug voneinander entfernen. Ich habe keinen roten Faden in meinen Büchern, kein »tu dies, und dann wirst du glücklich«. Aber ich möchte, daß meine Leser über all das am Ende lächeln können. Daß sie sagen können: »Ja, das ist die menschliche Komödie, und ich akzeptiere sie, so schwierig sie auch sein mag.« Denn ja, sie ist schmerzhaft, sie ist tragisch, ja, sie ist sehr enttäuschend, ja, sie treibt einen in den Wahnsinn - aber sie ist auch komisch.

Ich kann nicht sagen, daß ich selbst diesen Standpunkt immer akzeptieren kann. Aber die meiste Zeit doch. Und weißt Du, daß ich darüber schreiben kann, ist eine Art Akzeptanz. Daß ich es beschreiben kann mit der eiskalten Distanz, die das Schreiben erfordert. Das ist es, was ich Dir vorhin gesagt habe und was Du mir nicht glauben wolltest - es ist Dein gutes Recht, es mir nicht glauben zu wollen -, daß ich dazu imstande bin, zwischen mir und meinen Charakteren eine gewisse Distanz zu wahren, indem ich sage: »Nun ist es genug, Hannah, wir wollen jetzt Michaels Version hören!«

In gewisser Hinsicht steht mir eine Figur doch näher als alle anderen, über die ich je geschrieben habe: im »Perfekten Frieden« der zweite Kibbuzsekretär Srulik. In gewisser Hinsicht ist er mein Sprachrohr. Er will die Menschen vor Schmerzen bewahren oder ihnen zumindest beibringen, wie man die Schmerzen akzeptiert und mit ihnen lebt. Wie man Fanatismus vermeidet. Wie man erkennt, daß alles schrecklich relativ ist. Das kann man aber nur erkennen, wenn man die Perspektive wechselt. Das ist, was ich meinen Studenten als Lehrer an der Universität versuche beizubringen, und das will ich auch meinen Lesern als Schriftsteller zeigen. Wenn ich also für mein Schreiben diesen musikalischen Terminus der Polyphonie benutze, so bedeutet das, daß ich immer versucht habe, die Geschichten von verschiedenen Gesichtspunkten aus zu entfalten. Das, Krisztina, ist meine Methode, den Fanatiker in mir selber zu bekämpfen, denn es ist ein kleiner Fanatiker in mir, und ich bin mir dessen vollständig bewußt. Ich war ein kleiner Fanatiker als junger Mann. Ich bin schließlich von Fanatikern großgezogen worden. Heute sage ich mir: »Amos, wenn du davon überzeugt bist, daß dies und nur dies allein die Lösung des israelisch-palästinensischen Konflikts ist, warum versuchst du nicht, in die Haut eines orthodoxen Juden zu schlüpfen, der vollkommen anders denkt als du? Wie würdest du denn empfinden, wenn du er wärest?« Mit einer kleinen Biegung in meiner Biographie, einer kleinen Biegung in meinem Hintergrund hätte ich er sein können. Wie wäre es dann? So habe ich es in »Im Lande Israel« gemacht. Ich habe nicht nur meine Stimme, sondern auch mein ganzes Einfühlungsvermögen diesen schrecklichen Figuren geliehen, indem ich sagte: Ich könnte sie sein.

Ich bin kein Hermann Hesse. Nicht im geringsten. Ich habe keine Rezepte. Ich habe kein »Mandra«. Ich habe keine Karte zu zeichnen, mit der Straße zum Glück. Aber ich habe einige Ideen, wie wir alle uns miteinander versöhnen können und mit unserem Leben. Wie wir unsere gefährliche Sehnsucht nach dem Feuer mit der Angst vor der Asche versöhnen können. Wie wir zugleich fliegen und auf dem Boden bleiben können. Für mich ist das eine ästhetische Versöhnung. Wir bewirken sie durch unsere Phantasie, indem wir wissen, daß wir die Sterne im Himmel anschauen und bewundern, uns nach ihnen sehnen, sie jedoch niemals berühren können. Aber die Tatsache, daß ich sie nicht berühren kann, bedeutet nicht, daß ich sie niemals anschauen soll. Es gibt ja die Leute, die sagen: »Nun gut, ich kann die Sterne nicht berühren, also will ich mit ihnen auch nichts mehr zu tun haben.« Hefte die Augen auf die Sterne! Du kannst zwar nicht hinkommen, aber verliere sie nicht aus dem Blick! Träume weiter! Aber denke zugleich daran: Sie sind zum Anschauen, nicht zum Anfassen da. Sie sind zum Anschauen da und nicht dazu, erobert zu werden.

Die romantische Faszination, laß sie uns beim Namen nennen, sie ist der Tod. Die Sehnsucht nach dem Absoluten ist das Verlangen nach dem Tod, denn das Leben ist niemals absolut. Aber ich mag den Tod nicht, mit all seiner Faszination.

Selbst wenn es ein spektakulärer, faszinierender, ekstatischer Tod ist, wir sollten ihm das alltäglichste, prosaischste Leben immer noch vorziehen.

(Aus dem Englischen von Krisztina Koenen)

Bericht zur Lage des Staates Israel

2. Oktober 1991

Über mein Buch »Eine Frau erkennen« soll ich heute abend leider nicht sprechen. Vielleicht werde ich das Thema in der anschließenden Diskussion anschneiden, denn der Roman befaßt sich genau mit den Grenzen, den Grenzlinien zwischen privaten und öffentlichen Aspekten des Lebens eines jeden Menschen. Er handelt davon, daß ein menschliches Wesen, das zu hundert Prozent öffentlich wird, sich ganz und gar einer Sache hingibt, ein Monster in jeder Hinsicht ist. Selbst wenn dieser Mensch sein Leben einer höchst idealistischen, edlen Sache widmet, ist er, falls er dies hundertprozentig tut, ein gefährliches Wesen, und die Hauptgestalt meines Romans verändert allmählich ihre Interessen und zieht sich in die private Sphäre zurück. Dies vorausgesetzt, will ich nun zu hundert Prozent öffentlich werden und über die Lage des Staates Israel sprechen.

Lassen Sich mich den Schluß meiner Überlegungen an den Anfang setzen. Ich glaube an eine Zwei-Staaten-Lösung: Israels Anerkennung des Rechts der Palästinenser auf Selbstbestimmung im Gegenzug für eine palästinensische und gesamtarabische Bereitschaft, alle legitimen Sicherheitsbedürfnisse Israels anzuerkennen; umfassende Abkommen zwischen Israel und der gesamten arabischen Welt und Verzicht auf jegliche zukünftige Forderungen. Ich bin zutiefst davon überzeugt, daß Israel, wenn und falls diese Lösung erreicht wird, nicht einem paradiesischen Zustand, nicht einem Rosengarten entgegenblikken wird – es wird ein geteiltes Land voller Schall und Wahn bleiben, eine sehr vielstimmige Gesellschaft; schöpferisch, pluralistisch, voller Haß und Liebe gegenüber jenen Ländern, aus denen die Israelis kamen.

Wir leben in sehr interessanten Zeiten im Nahen Osten. Ich glaube, daß der schlimmste Teil des israelisch-arabischen Konflikts jetzt vorüber ist. Damit meine ich nicht etwa, daß wir kein weiteres Blutvergießen erleben werden. Das werden wir! Das Positive der gegenwärtigen Situation liegt meines Erachtens darin, daß die Erkenntnisblockade beider Seiten überwunden ist. Zu viele Jahre, tatsächlich jahrzehntelang, waren die Araber der Ansicht, sie müßten sich lediglich die Augen fest genug reiben und Israel verschwände wie ein Alptraum, wie eine temporäre Ausstellung, die anderswo hinverfrachtet werden kann. Die Israelis glaubten ihrerseits viel zu lange, die gesamte Palästinenserfrage sei eigentlich nicht vorhanden, letztendlich nichts als eine teuflische Erfindung der gesamtarabischen Propaganda mit dem Ziel, Israels Integrität zu unterminieren und sein Ansehen im Ausland zu schädigen. Jetzt, glaube ich, befinden sich beide Seiten im Zustand der Ernüchterung, sie öffnen die Augen und betrachten die Realität. Das ist für keine der beiden Seiten einfach, und es bedeutet nicht den Beginn von Flitterwochen. Es ähnelt eher dem Erwachen eines Patienten aus der Narkose, der auf schmerzhafte und bedrückende Weise erkennt, daß er nach der Operation nicht derselbe wie zuvor sein wird. Auf beiden Seiten haben sich Wut, Trauer und Unsicherheit angesammelt; beide wissen allerdings meiner Meinung nach jetzt, daß der jeweils andere wirklich anwesend ist, nicht verschwinden wird. Der andere wird bleiben, und man wird, ob Israeli oder Palästinenser, miteinander reden müssen. Es reicht nicht, Ferngespräche mit Moskau oder Washington D. C. zu führen und zu sagen: Schafft uns doch dieses schreckliche Volk vom Hals! Diese Phase der Auseinandersetzung ist vorbei. Jetzt wird der israelisch-arabische Konflikt schlußendlich zu einem Immobilienstreit, nicht zu einem theologischen Disput, nicht zu einem heiligen Krieg, wenngleich auf beiden Seiten einige Fanatiker den Konflikt zu einem heiligen Krieg machen wollen. Im Kern ist es ein Immobilienstreit: Wem gehört welches Haus? Wer soll wieviel bekommen? Diese Konflikte,

Konflikte dieser Art lassen sich durch einen Kompromiß lösen. Ich will damit nicht sagen, daß sich der Kompromiß über Nacht oder innerhalb weniger Monate oder eines Jahres herstellen läßt. Die strittigen Probleme sind real und schmerzhaft: Sicherheit, Siedlungen, Wasser, Grenzen, eine umfassende Sicherheitsregelung im Nahen Osten usw. Von nun an werden Israelis und Araber nicht mehr darüber sprechen, wer dem anderen Platz zu machen hat, sondern darüber, wer wieviel erhalten soll. Dies bedeutet, glaube ich, eine Normalisierung des Konflikts. Obwohl es meines Erachtens sehr gefährlich ist, ein Prophet sein zu wollen, wenn man aus dem Land der Propheten kommt, wo die Konkurrenz in dieser Hinsicht sehr stark ist, kann ich gleichwohl eine vorsichtige Voraussage ohne zeitliche Angaben wagen. Wir werden die Eröffnungssitzung einer Nahost-Konferenz erleben, genauer den theatralischen Anfang mit der entsprechenden Medienresonanz. Danach werden zum ersten Mal einige bilaterale Treffen stattfinden: Israelis und Syrer, Israelis und Palästinenser/Jordanier, Israelis und Saudis. Nach zwei oder drei dieser bilateralen Treffen wird es zu einer größeren Krise kommen, wobei die eine oder andere Seite voller Zorn erklären wird, es sei unmöglich, mit derart schrecklichen Menschen zu verhandeln. Man wird dann erneut zusammenkommen, wieder verhandeln, und es wird sich wieder eine Krise ergeben. Ich denke, wir sollten uns gegenüber diesen Höhen und Tiefen des Friedensprozesses in Nahost eher gelassen und nicht hysterisch verhalten.

Lassen Sie mich etwas zum Beitrag Europas bemerken, vielleicht zum destruktiven Einfluß. Meiner Meinung nach hat Europa im allgemeinen, haben die Meinungsmacher im besonderen, ganz spezifisch die wohlmeinenden, friedliebenden Intellektuellen der Linken, die Tauben, und der liberale Teil des Parteienspektrums, das Falsche getan. Man hat sich mehr oder weniger wie eine altmodische viktorianische Lehrerin oder Direktorin verhalten, mit dem Finger auf diese oder jene Seite gezeigt und gesagt: »Schämt ihr euch denn nicht? Wie könnt ihr euch nur so aufführen!« Das hing natürlich davon ab, wer der jeweilige Verlierer war. »Wie könnt ihr Juden den Palästinensern, bzw. wie kann Saddam Hussein den Israelis so Schreckliches antun?« Ich glaube, es ist an der Zeit, daß Sie als Europäer aufhören, den Zeigefinger auszustrecken und zu moralisieren. Meines Erachtens hat weder Europa insgesamt, noch Deutschland im besonderen das moralische Recht, Israelis oder Arabern moralische Lektionen zu erteilen. Die Geschichte des Nahen Ostens ist in der Tat voller Blut, Schmerz und Gewalt, aber sie ist nichts, verglichen mit der europäischen Geschichte. Anstatt zu moralisieren und mit dem Finger auf andere zu zeigen, sollten Sie lieber einen konstruktiven Beitrag leisten. Sie sollten zur Kenntnis nehmen, daß beide Seiten sehr nervös sind, daß beide sich grundlegend ändern müssen.

Lassen Sie mich für einen kurzen Augenblick der Anwalt der Falken in Israel sein, die ich zutiefst ablehne, aber ich möchte Ihnen auch deren Standpunkt vermitteln. Die Falken also spüren, daß man von Israel erwartet, auf Immobilien, auf Land zu verzichten, strategischen Besitz aufzugeben, im Gegenzug für ein Stück Papier, ein schönes Stück Papier, das schon am folgenden Tag in Fetzen gerissen werden könnte, infolge eines Regierungswechsels oder eines Staatsstreichs in einem arabischen Land. Ebenso sind die Palästinenser insbesondere, die Araber im allgemeinen sehr nervös, denn sie müssen einige Dogmen, einige grundlegende Vorstellungen ihrerseits verändern. Jetzt heißt es für Europa, beiden Seiten zu helfen, sich zu entkrampfen, und nicht, sie noch nervöser zu machen, indem man moralische Urteile über sie fällt. Beispielsweise könnten Sie Pläne entwickeln, um einen zukünftigen friedlichen Nahen Osten in ein europäisches Sicherheitssystem oder ein Sicherheitssystem des Mittelmeerraumes einzugliedern. Damit könnte man beiden Seiten helfen, ihre Ängste zu verringern. Sie könnten einen Plan zur Einbeziehung des künftigen friedlichen Nahen Ostens in das Wirtschaftssystem Europas oder des Mittelmeerraumes entwerfen. Das wäre ein hilfreicher Beitrag. Ebenso wie ein Marshall-Plan für den Nahen Osten, um die Neuansiedlung von etwa eineinhalb Millionen palästinensischer Flüchtlinge und einer Million jüdischer Flüchtlinge aus der früheren Sowjetunion zu ermöglichen. Das wäre ein hilfreicher Beitrag. Machen Sie sich, nebenbei gesagt, keine Sorgen um Geld. Meines Erachtens wird ein friedlicher Naher Osten innerhalb von höchstens fünfzehn Jahren in der Lage sein, Europa seine Schulden zurückzuzahlen oder, noch besser, seinen eigenen Marshall-Plan für andere Weltteile, für Afrika, für Lateinamerika, zu entwerfen, denn es ist potentiell eine sehr reiche Region.

Ich glaube, der Golfkrieg ist für beide Seiten eine sehr ernüchternde Lektion gewesen - zu einem schmerzhaften Preis. Meiner Meinung nach haben die Araber, die Palästinenser auf schmerzliche Weise gelernt, daß es sinnlos ist, tatenlos auf irgendeinen Messias zu warten, der aus dem Osten auf einem Schimmel dahergeritten kommt, die Juden ins Meer treibt und die Palästinenser von der Notwendigkeit zum Kompromiß befreit. Die Falken in Israel haben um einen schmerzlichen, schockierenden Preis gelernt, daß zusätzliche vierzig Kilometer - denn so breit sind die besetzten Gebiete lediglich - dem Land keine absolute Sicherheit im Zeitalter von ballistischen Raketen bzw. Cruise Missiles verschaffen können. Ich erwarte nicht, daß beide Seiten Liebe zueinander entwickeln werden. Wir sollten nicht sentimental werden. Selbst nach einem Friedensschluß werden beide Seiten uneins darüber bleiben, wem die Schuld für die gesamten Auseinandersetzungen zuzuschreiben sei. Man wird uneins sein über die Vergangenheit. Man wird sich auf ewig streiten, wer in dieser Auseinandersetzung David und wer Goliath ist. Ich glaube, Sie irren sich manchmal, wer David und wer Goliath ist. Das ist keine einfache Frage, denn es ist in der Tat eine Frage, welchen Aspekt der Wirklichkeit man betrachtet. Betrachtet man das Land Israel, dann sind die Israelis Goliath und die Steine werfenden Palästinenser der arme kleine David, und Israel verhält sich oft wie ein ungeschickter, grausamer Goliath gegenüber den Palästinensern. Verändert man aber die Optik und nimmt den Konflikt zwischen Israel mit seinen 4,5 Millionen Einwohnern und 250 Millionen Arabern ins Bild oder, schlimmer noch, den Konflikt zwischen Israel und einer Milliarde Muslims, dann erhält man eine andere

Vorstellung, wer David ist und wer Goliath. Wie gesagt, es ist eine Frage des Bildausschnitts. Um die Psyche der Israelis, um ihre Mentalität, ihre legitimen Ängste und ihre legitimen Erwartungen zu verstehen, muß man sich vor Augen halten, daß Israel jahrzehntelang, inzwischen bereits siebzig Jahre lang, mehr oder weniger mit der Erfahrung eines kollektiven Salman Rushdie gelebt hat. Über einen Zeitraum von siebzig Jahren bestand ein kollektives Todesurteil, verhängt über jeden Israeli von islamischen Fundamentalistenführern und arabischen Politikern. Es ist nur zu verständlich, daß die Israelis ein wenig neurotisch geworden sind. Eine derartige Salman-Rushdie-Erfahrung würde ausreichen, um die gesündeste Gesellschaft wahnsinnig zu machen, und ich behaupte nicht, daß Israel eine sehr gesunde Gesellschaft ist. Es ist also nur verständlich, wenn wir mißtrauisch, neurotisch und eingeschüchtert sind.

Darüber hinaus - und ich glaube, es ist sehr wichtig, daß Sie dies verstehen, ich möchte dies betonen - haben beide Seiten eines gemeinsam, nämlich die Tatsache, daß beide, wenn auch auf unterschiedliche Weise, Opfer des christlichen Europa sind. Die Araber sind als Folge von Kolonisation, Imperialismus, Unterdrückung und Ausbeutung Opfer der Europäer, die Juden durch Diskriminierung, Pogrome und am Ende durch den Massenmord. Bei Bertolt Brecht entwickeln die Opfer automatisch Solidarität untereinander und werden Brüder. Sie lieben einander und steigen gemeinsam auf die Barrikaden. Ich glaube, Sie wissen, daß im wirklichen Leben die Opfer ein und desselben Unterdrückers manchmal die schärfsten Auseinandersetzungen untereinander beginnen. Zwei Kinder, die von einem grausamen Elternteil geschlagen worden sind, sind nicht notwendigerweise von Liebe zueinander erfüllt, manchmal hassen sie sich verbittert, und dies eben, weil jeder im anderen das Bild seines früheren Unterdrückers sieht. So ist es im Fall von Israelis und Arabern. Die Araber betrachten uns Israelis und können uns nicht so sehen, wie wir wirklich sind: eine Gruppe von halbhysterischen Flüchtlingen und Überlebenden. Was sie in uns sehen, ist der Alptraum einer Fortsetzung des weißen Europa, das sie unterdrückt und auf raffinierte Weise kolonisiert. Wenn wir Israelis die Araber betrachten, sehen wir in ihnen nicht die armen Opfer des Kolonialismus, eine erschrockene, unterdrückte Gruppe, wir sehen in ihnen nichts als eine erneute Inkarnation unserer früheren Unterdrücker: Kosaken und Nazis, die, diesmal mit Kefiah und Bärten, dasselbe alte Ziel haben, Juden zu töten.

Dies ist vielleicht der richtige Augenblick, um

eine Unterscheidung vorzunehmen zwischen unserer Friedensbewegung in Israel, der Peace-Now-Bewegung, und der, wie ich sie nennen würde, sentimentalen Linken, der ziemlich simplifizierenden Linken, der Tauben in einigen Teilen der Friedensbewegung im Westen. Wir, die israelische Friedensbewegung, haben eine andere Position als die sentimentale Tradition der gesamten Linken in Deutschland und in anderen Ländern, in der Frieden und Liebe und Mitgefühl und Brüderlichkeit und Versöhnung Synonyme sind. Tatsächlich sind es keine Synonyme. Das Gegenteil von Krieg ist nicht Liebe, das Gegenteil von Krieg ist Frieden. Somit heißt meine Haltung gegenüber den Palästinensern: macht Frieden, nicht Liebe. Ich glaube übrigens überhaupt nicht an die Liebe zwischen Nationen. Das ist eine sehr naive Vorstellung, oder, wie die Beatles es einmal formuliert haben: Es gibt einfach nicht genug Liebe dafür. Ich gehöre zur Friedensbewegung, ich bin kein Pazifist, und dies ist ein sehr bedeutsamer Unterschied. Ich sehe meine Aufgabe nicht darin, auch die andere Wange hinzuhalten. Nein, ich will auf keinen Fall, daß Israel zum Jesus Christus der Nationen wird. Ich werde kämpfen, falls irgend jemand versucht, mich oder mein Volk zu töten, werde wie der Teufel kämpfen, und ich werde kämpfen, falls jemand versucht, mich oder mein

Volk zu versklaven. Aber nichts unterhalb dieser Schwelle könnte mich oder meine Mitstreiter in der Friedensbewegung dazu bringen zu kämpfen: Wir werden nicht um Bodenschätze oder nationale Interessen oder einen zusätzlichen Schlafraum kämpfen. Leben und Freiheit, aber nichts sonst. In gewissen Teilen der sentimentalen Linken in Europa hat man sich schon immer darin geübt, zwischen den Guten und den Schlechten zu unterscheiden. Wer sind die netten Menschen und wer nicht? Man hatte die Neigung, der Dritten Welt moralischen Rabatt zu gewähren; schließlich hatten diese Völker allerhand erlitten, also mußte man ihnen vergeben. Meiner Meinung nach hat auf dieser Welt niemand ein Recht auf irgendwelchen moralischen Rabatt.

Übrigens höre ich seit geraumer Zeit von europäischen Intellektuellen in ein und demselben Satz: Na ja, die Palästinenser, Sie müssen das verstehen, sie haben viel erleiden müssen, sind unterdrückt, erniedrigt worden. Es ist doch nur natürlich und verständlich, daß sie ein bißchen gewalttätig werden. Andererseits, die Juden, die doch so viel gelitten haben, unterdrückt und diskriminiert worden sind, wie können sie nach dieser Erfahrung Gewalt anwenden? Das heißt nun, die Doppelmoral, die Scheinheiligkeit zu vertuschen. Vielleicht rührt dies von einem einfältigen christlichen

Gefühl her, nämlich daß Jesus sein Blut am Kreuze gab, Gott wurde und somit jeder, der sein Blut am Kreuze gibt, ein Engel werden sollte. Nein, dem ist nicht so. Im wirklichen Leben werden Opfer von Unterdrückung, Diskriminierung und Rassismus tatsächlich manchmal toleranter, sensibler, verständnisvoller gegenüber dem Leid anderer, wohingegen andere Opfer derselben schrecklichen Erfahrungen dazu neigen, rachsüchtiger, zorniger und mißtrauischer zu werden. Beide Reaktionen auf erlittenes Leid sind meines Erachtens gleichermaßen menschlich. Sie sind möglicherweise nicht gleichermaßen human, aber beide sind sie menschlich. Ich will jenes groteske Pro-Dritte-Welt-Gefühl gar nicht erst erwähnen, jenes vage Gefühl, wonach Saddam zum guten Menschen wird, nur weil er gegen Amerika ist, und Israel zum Bösewicht, nur weil man es mit Amerika in Verbindung bringt. Und die Verbindung mit Amerika bedeutet »Rosemary's Baby«, und das wiederum bedeutet, per definitionem, diabolisch zu sein. Das ist beinahe eine Beleidigung, nicht Israels, sondern des gesunden Menschenverstands. Sie kennen ja die Vorstellung, daß Saddam Hussein mit Libyen und der Sowjetunion befreundet ist, die Sowjetunion mit Fidel Castro befreundet ist bzw. war und Fidel Castro mit Che Guevara verheiratet war, Che Guevara wiederum

Jesus Christus ist und Jesus die Liebe ist und deswegen Saddam Liebe verdient. Diese Überlegungen sind in der Tat kaum der Erwähnung wert. Sie sollten sich klarmachen, daß es falsch ist, den Zionismus für eine Form des Kolonialismus zu halten; das ist er nicht. Im Sinne des Kolonialismus kann man nur festhalten, daß die Zionisten, die ins Land Israel kamen, zum Kolonialisieren nichts vorfanden. Es ist das einzige Land im Nahen Osten ohne jegliche Bodenschätze. Im Sinne des Kolonialismus haben die Zionisten das schlechteste Geschäft aller Zeiten gemacht. Ja, das schlechteste, weil sie ich weiß nicht wieviel Tausende von Milliarden Dollar in dies Land gesteckt haben, ohne praktisch irgend etwas herauszuholen. Eine falsche Diagnose führt zu falschen Rezepten und falschen Lösungen. Ich bin daher der Meinung, die Linke sollte ihre Diagnose des Zionismus revidieren. Er ist keine Form des Kolonialismus und keine Form des Rassismus.

Ich war immer der Ansicht, daß die palästinensische Nationalbewegung die schlimmste, abstoßendste, fanatischste und kompromißloseste Bewegung aller Zeiten ist. Ich empfinde keinerlei Gefühlsregungen gegenüber Herrn Arafat. Ich würde ihm morgen die Hand schütteln, wenn ich der Meinung wäre, daß dadurch der Frieden näher rückte. Nichts auf der Welt könnte mich aber dazu bringen, ihn zu umarmen, zu küssen, ihn zu bekräftigen. Sie werden niemanden in der israelischen Friedensbewegung finden, der Arafat so behandelte, wie amerikanische oder europäische Friedensmarschierer Ho Chi Minh im Vietnamkrieg behandelten, denn dieser Konflikt ist nicht mit dem Vietnamkrieg vergleichbar. Der Grund für meine Überzeugung, Israel sollte mit der PLO sprechen und zu einem Kompromiß mit den Palästinensern kommen, liegt darin, daß man sich seinen Feind nicht auswählen kann. Wenn man im Leben sehr viel Glück hat, kann man sich seine Freunde aussuchen. Aber nicht einmal vom Glück begünstigte Menschen können sich ihre Feinde wählen. Könnte ich mir einen Feind auswählen, wäre es ein anderer und nicht die Palästinenser. Aber das hängt nicht von mir ab.

Frieden müssen wir mit ihnen schließen, nicht weil sie nett, nicht weil sie Opfer sind, nicht weil wir ihnen mehr Unrecht zugefügt haben als sie uns oder sie sich selbst. Wir müssen mit ihnen zu einem Kompromiß kommen, weil sie da sind. Und weil sie dort sind, haben sie ein Recht auf Selbstbestimmung und Unabhängigkeit wie jeder andere auch, sobald Israels legitime Sicherheitsforderungen erfüllt sind.

Selbstbestimmung erhalten nicht nur nette und sich wohlverhaltende Völker. Sie ist keine Auszeichnung für hervorragendes Verhalten und für eine wunderbare Vergangenheit. Wenn dem so wäre, müßte die Hälfte aller Nationen dieser Welt ihre Unabhängigkeit von einem Tag auf den anderen verlieren.

Ich gehöre zu jenen Israelis, die die Notwendigkeit bekräftigt haben, Saddam Hussein während des Golfkriegs, wenn nötig, mit Waffengewalt aus Kuwait zu vertreiben, was für ein Mitglied der Friedensbewegung eine sehr unpopuläre Haltung war, und es hat mich in der dogmatischen Friedensbewegung in Europa nicht sehr populär gemacht. Gewiß war Kuwait ein schlechtes Mädchen, darüber besteht für mich kein Zweifel: ein korruptes Regime, ein feudalistisches System, ein System der Unterdrückung, das vor Öl und Ungerechtigkeit stinkt. Ich bin jedoch der Auffassung, daß man ein schlechtes Mädchen nicht vergewaltigen und sich ungestraft davonmachen darf. Und ich hasse die Scheinheiligkeit der Linken, die sagen, Kuwait sei ein schlechtes Mädchen gewesen, es habe sich geradezu angeboten und es verdient; es hätte sich anständiger betragen sollen. Das ist wiederum, glaube ich, unerträglich, das heißt wiederum, die Scheinheiligkeit zu vertuschen. Hätte Saddam Hussein ungestraft den »Anschluß« von Kuwait vollziehen können, wäre dies ein sehr gefährlicher Präzedenzfall für alle kleinen Nationen im Nahen Osten gewesen. Es hätte möglicherweise eine Welle ekstatischen Panarabismus und militanten Panislamismus ausgelöst und damit eine tödliche Gefahr nicht nur für Israel, sondern für die gesamte Region.

Ich bin mir allerdings in jeder Hinsicht der Tatsache bewußt, daß viele wohlmeinende Menschen in Europa, auch in anderen Ländern der Welt, ja in Israel selbst, etwas enttäuscht und desillusioniert sind, was die Realität Israels betrifft. Unser Register hinsichtlich der Bürgerrechte gehört nicht zu den besten auf dieser Erde, um es milde auszudrücken. Unsere inneren Auseinandersetzungen sind schmerzvoll und manchmal abstoßend. Unsere Uneinigkeit über unsere Identität und unsere weitere Zukunft ist manchmal sehr dramatisch, zuweilen melodramatisch. Lassen Sie mich das aber ins rechte Maß rücken. Manche Aspekte der israelischen Wirklichkeit können unmöglich so großherzig sein wie die anfänglichen Träume von diesem Land. Sie wissen, Israel wurde geboren aus monumentalen Träumen und gewaltigen Erwartungen seitens der Gründungsväter und -mütter Israels, aber auch seitens der übrigen Welt. Bei allem Respekt gegenüber Charles Dickens möchte ich behaupten, daß »große Erwartungen« als zweiter Vorname auf Israels Visitenkarte steht. Ich habe gerade gesagt: vielerlei

Visionen und Baupläne für Israel, und natürlich kollidierten diese Pläne mit anderen Plänen und einige Visionen mit anderen. Nicht alle konnten in Erfüllung gehen. Darüber hinaus ist Israel, bis zu einem gewissen Grad im Gegensatz zum Kommunismus, zu vielen anderen gesellschaftlichen Visionen, vielleicht ein wenig wie die Idee des Wohlfahrtsstaates, ein Traum, der Wirklichkeit geworden ist. Und insofern muß es fehlerhaft und von vornherein unvollkommen sein. Es gibt nur einen Weg, einen Traum völlig unbeschadet zu bewahren, nämlich indem man ihn niemals zu realisieren trachtet. Wenn man sexuelle Phantasien hat, sollte man niemals versuchen, sie auszuleben, sonst wird man feststellen, daß die Erfüllung bei weitem nicht so aufregend ist wie die Phantasievorstellung. Dasselbe gilt, wenn man einen Roman schreibt, Kinder großzieht oder eben ein Land aufbaut. Israel ist fehlerhaft und unvollkommen, weil es ein Traum ist, der Wirklichkeit geworden ist. Ich will aber sofort hinzufügen, daß interne Fragen, wie die Rolle der Religion im Staat, die Bürgerrechte, die Haltung gegenüber Minderheiten, erst dann befriedigend beantwortet werden können, wenn der Konflikt zwischen Israelis und Arabern gelöst ist. Keine Nation war je stark etwa in der Frage der Bürgerrechte, solange sie sich in einem Konflikt mit einem Todfeind befand. Das ist einfach zuviel verlangt. Erst müssen wir den israelisch-arabischen Konflikt lösen, anschließend uns mit einigen unserer schmerzhaften inneren Fronten beschäftigen, Kirche und Staat, im Falle Israels: Synagoge und Staat. In Europa brauchte es schließlich auch Jahrhunderte voller Blut und Feuer, um dieses Problem zu lösen; wie viele Nationen, auch angeblich zivilisierte Nationen, haben ihre Verhaltensregeln erst nach Fluten von Blut und Feuer, nach blutigen Bürgerkriegen neu festlegen können. Unser permanenter Bürgerkrieg in Israel - unter Juden und gegenüber anderen Juden - ist im wesentlichen ein verbaler Bürgerkrieg mit verbalen Gefallenen, verbaler Artillerie und verbalen Geschossen. Wir Israelis versuchen, anstatt aufeinander zu schießen, einander Geschwüre und Herzanfälle zuzufügen, indem wir uns schreckliche Worte an den Kopf werfen. Damit wird Ihnen eine Tatsache deutlich: Obwohl ich Israel zur Zeit wenig mag, und mir gefallen sehr, sehr viele Dinge an Israel nicht, liebe ich es nichtsdestoweniger. Ich liebe Israel, obwohl es mir nicht gefällt.

Ich bin der Meinung, daß der israelisch-palästinensische Konflikt - und jetzt spreche ich nicht über den israelisch-libyschen oder israelisch-irakischen Konflikt, sondern über den israelisch-palästinensischen Konflikt - eine Tragödie im wörtlichen Sinne ist. Es handelt sich um einen Zusammenstoß eines sehr nachhaltigen Anspruchs mit einem anderen sehr nachhaltigen Anspruch, eines sehr überzeugenden Arguments mit einem anderen sehr überzeugenden Argument. Und davon handeln letztlich Tragödien. Es wird Zeit, daß Sie ihn endlich als eine Tragödie begreifen, und nicht als einen Western, und ständig fragen, wer zur Zeit der Gute und wer der Böse ist. Tragödien lassen sich auf zweierlei Weisen zu einem Ende bringen. Es gibt die Shakespeare-Lösung einer Tragödie, und es gibt die Tschechow-Lösung einer Tragödie. In einer Shakespeare-Tragödie ist die Bühne zum Schluß mit Leichen bedeckt, und vielleicht, vielleicht schwebt die Gerechtigkeit hoch über ihnen oder auch nicht. In einer Tschechow-Tragödie ist jedermann am Schluß desillusioniert, verbittert, gebrochen, enttäuscht, zerschmettert, aber er lebt. Ich wünsche eine Tschechow-Lösung, keine Shakespeare-Lösung der Nahost-Tragödie. Dies ist mein politisches Credo in aller Kürze. Das hat nichts zu tun mit jeglicher proarabischen und propalästinensischen Haltung. Dort stehe ich nicht. Ich habe bereits meinen Zorn auf die palästinensische Nationalbewegung erwähnt. Ich bin zornig auf diese Bewegung, weil sie fanatisch und kompromißlos ist. Ich bin zornig auf sie, nicht allein wegen allem, was sie uns Israelis zugefügt hat, sondern auch wegen all dem, was sie ihrem eigenen Volk zugefügt hat. Siebzig Jahre haben sie jegliches Angebot abgelehnt, sinnlos und töricht zurückgewiesen: Sie müssen bedenken, daß die PLO jetzt einen Ministaat auf der Westbank und im Gazastreifen fordert, ein Gebiet, kleiner als jenes, das die Palästinenser friedlich und ehrenhaft auf einem Silbertablett hätten erhalten können, und zwar vor 25 Jahren, ohne fünf Kriege und ohne 150 000 Tote, ihre Toten und unsere Toten, wenn sie sich nur herabgelassen hätten, die UN-Resolutionen des Jahres 1947 anzuerkennen. Der Zorn ist also unverkennbar, aber wie ich bereits sagte, werde ich, trotz aller Wut, mit ihnen reden. Nicht aus Liebe, sondern um zu überleben.

Und schließlich habe ich mir als Schriftsteller, als Erzähler, als Romancier die Aufgabe gesetzt, mich in andere Menschen hineinzuversetzen, mich sozusagen in ihre Haut zu begeben, mich andauernd zu fragen, was wäre, wenn ich an seiner, an ihrer Stelle wäre. Denn damit verdiene ich doch meinen Lebensunterhalt; ich stehe jeden Morgen auf, trinke Kaffee, setze mich an den Schreibtisch und stelle mir genau diese Frage. Was wäre, wenn ich er wäre, wenn ich sie wäre? Und als politisch aktiver Mensch habe ich versucht, mich genauso zu verhalten: Wenn ich ein Palästinenser wäre und, was manchmal noch schwieriger ist, wenn ich ein israelischer Falke wäre; versuchen, mit einer bestimmten, wenn nicht Sympathie, so doch Empathie zu verstehen, worum es den anderen insgesamt geht. Hinzu kommt, und das ist eine Front, an der ich mich als Schriftsteller und als politischer Mensch engagiert habe, daß ich versuche, als eine Art Feuerwehr oder zumindest Rauchdetektor der Sprache zu fungieren, denn Sie hier in Deutschland wissen besser noch als jedes andere Volk dieser Erde: Jedem Desaster, jeder Katastrophe, jeder Ungeheuerlichkeit geht immer eine Sprachverschmutzung, ein Mißbrauch der Wörter voraus. Wo man menschliche Wesen als Parasiten bezeichnet, wird es über kurz oder lang zu ihrer Vernichtung kommen. Wo man menschliche Wesen Elemente nennt, werden sie wie Elemente und nicht wie Menschen behandelt usf. Gleichwohl habe ich in meinem ganzen Leben versucht, mein schriftstellerisches Werk von meinem politischen Engagement zu trennen.

Ich habe mich zudem auf Fanatismus spezialisiert. Mich interessiert ungemein der innere Tod, der Tod einer Seele, die fanatisch wird. Ich meine jene Austrocknung der Seele, die einen Menschen zum Fanatiker macht und die ich bereits anfangs erwähnte, daß nämlich ein Mensch, der zu hundert Prozent öffentlich wird, ungeachtet seines

Anliegens, ein Fanatiker ist. Und ich habe Fanatiker auf der Linken, im Zentrum und auf der Rechten erlebt. Ich habe Vegetarier erlebt, die in ihrem Vegetarismus so weit gehen, daß sie bereit sind, jeden bei lebendigem Leib zu zerfleischen, der Fleisch ißt. Ich habe Nichtraucher erlebt, die derart fanatisch gegen das Rauchen sind, daß sie jeden Raucher lebendig verbrennen würden. Und ich habe gewaltlose Menschen erlebt, die willens sind, jeden, der die Möglichkeit von Gewaltanwendung befürwortet, zu töten usw. Sie kennen das hier in Deutschland besser als ich. Ich glaube jedoch, eine Medizin gegen den Fanatismus gefunden zu haben. Ich habe, glaube ich, noch nie einen Fanatiker mit Humor erlebt, und auch keinen Menschen mit Humor, der zum Fanatiker geworden ist. Wenn es mir gelänge, den Sinn für Humor in Kapseln oder Ampullen zu füllen und ganze Bevölkerungen gegen Fanatismus immun zu machen, indem ich ihnen den Sinn für Humor gebe, wäre ich reif für den Nobelpreis, nicht den für Literatur, sondern den für Medizin. Humor nämlich ist das Gefühl für Relativität, und das ist letzten Endes die Antwort auf jegliche Form von Fanatismus und Fundamentalismus.

(Aus dem Englischen von Christoph Groffy)

Anmerkung

Der »Brief aus Arad« erschien auszugsweise zuerst im Sommer 1990 in der »Frankfurter Allgemeinen Zeitung«. Er resultiert aus einem Gespräch mit Krisztina Koenen.

Der »Bericht zur Lage des Staates Israel« geht zurück auf eine Rede des Autors während des Kritiker-Empfanges des Suhrkamp Verlages bei der Buchmesse 1991, als die deutsche Übersetzung von »Eine Frau erkennen« erschien. Der Text wurde zuerst publiziert in der »Frankfurter Rundschau« Ende 1991.

Beide Texte wurden für die vorliegende Publikation durchgesehen.